ZEN
in
der
Kunst
der
Fotografie

Robert Leverant

Die Originalausgabe erschien erstmals 1969
unter dem Titel
 „Zen In The Art Of Photography"
bei Images Press, California

Das Buch wurde ins Deutsche übertragen von Peter Helm.

ZEN

in

der

Kunst

der

Fotografie

Robert Leverant

Herausgegeben vom / Published by
Bodensee-Kunst.netz
www.bodensee-kunst.net
info@bodensee-kunst.net

Bibliografische Information der Deutschen Nationalbibliothek:
Die Deutsche Nationalbibliothek verzeichnet diese Publikation in der Deutschen Nationalbibliografie; detaillierte bibliografische Daten sind im Internet über www.dnb.de abrufbar.

Copyright © 1969 Robert Leverant
Copyright © 1981 für die deutsche Ausgabe
           Helm & Schick Verlag, Germany
Copyright © 2014 für die deutsche Ausgabe
           Peter Helm, Konstanz, Germany

Alle deutschen Rechte vorbehalten.
Nachdruck, auch auszugsweise, nur mit schriftlicher Genehmigung von Peter Helm

1. Auflage 1981
2. Überarbeitete Auflage 1986
3. Überarbeitete und neu gestaltete Auflage 2014
4. Überarbeitete Auflage 2022

Herstellung und Verlag:

BoD – Books on Demand, Norderstedt

ISBN : 978-3-7347-3070-2

Das Buch ist Kirpal Singh gewidmet,
der es geschrieben hat und Jacquelin,
die mir eine Kamera und die Liebe zum
Fotografieren schenkte.

1
Was ist eine Kamera?

2
Eine Kamera ist eine Erweiterung unseres Selbst.
Ein Zubehör, das uns dem Universum näher bringt.

3
Wir erfanden einen solchen Apparat, denn wir hatten die Freude am ursprünglichen Sehen verloren, die Freude am Verbinden des Ungesehenen und Empfundenen mit dem Gesehenen und Nicht-Empfundenen;
der Innenwelt mit der Außenwelt.

4
Der Beweis hierfür ist unsere Fotografie. Wir leben im Wissenschaftlichen Zeitalter, dem Zeitalter der Beweise.

5
Unsere Fotografie beweist uns, ob wir unseren Schleier durchstoßen haben und unser Universum geworden sind.

6
Dann haben wir zugelassen, dass die Fotografie, der Fotograf und das Fotografieren eins geworden sind. Untrennbar für einen kurzen Augenblick, der ohne Zeit ist.

7
Und dann vergessen wir alles.

8
Wir kehren zurück in die Zeit.

9
Deshalb machen wir weitere Aufnahmen.

10
Die Innenwelt und die Außenwelt =
das immerwährende Eine.

11
So ist auch die Fotografie eine Suche nach einem göttlichen Wesen, nach dem Einen.

12
Wir müssen uns ihm nähern mit einem klaren Geist und einem reinen Herzen.

13
Das bedeutet: wir müssen uns so rein halten wie unser Objektiv und unsere Kamera.

14
Eine Kamera ist nur ein Vermittler zwischen uns und einem neuen uns. Um es zu wiederholen: wir müssen so empfindlich und aufnahmebereit sein wie unsere Ausrüstung.

15
Wenn wir unkonzentriert fotografieren, dann sind auch unsere Bilder unkonzentriert. Wenn wir nicht bereit sind, verfehlen wir den entscheidenden Moment.

16
Bis wir einen Weg entwickeln.

17
Das Fotografieren hat denselben Sinn wie das Gehen dieses Weges: uns zu Meistern über uns selbst zu machen; sodass wir unsere Kamera unter allen widrigen Umständen, seien es Krankheit oder Ermüdung, Regen, Schnee, Erdbeben oder Sonnenschein, mit der anmutigen Schnelligkeit eines Samurai handhaben können.

18
Knipsen kann jeder. Aber nicht jeder Mensch, der eine Kamera in seinen Händen hält, ist ein Fotograf.

19
Die fotografische Technik kann in Kursen erlernt werden. Hervorragende Fotografien können in Bibliotheken und Museen betrachtet werden.
Aber wo findet die Fotografie statt?

20
Im Herzen.

21
Es ist unser Selbst, das ein Bild macht.

22
Entweder verstehen wir es oder nicht.

23
Es ist so einfach wie Dies oder Das.

24
Der Zugang liegt nicht in der Ausrüstung.

25
Ist die kürzeste Verbindung zwischen zwei Punkten
eine gerade Linie ?

26
Der Mensch geht auf Wegen in Schlangenlinien.

27
Möwen segeln.

28
Delfine spaßen.

29
Das hat einen tieferen Sinn.

30
Eine Kamera ist nur ein Vermittler zwischen uns und einem neuen uns. Wenn die Kamera uns dorthin gebracht hat, benötigen wir sie nicht mehr.

31
So ist unsere Ausrüstung in Wirklichkeit unser Selbst.

32
Wir sollten jede Übung tun, die uns auf dem Wege weiterhilft.

33
Und damit sind wir bei der Frage nach unserer Ernährung angelangt; wobei unter Ernährung all das zu verstehen ist, was durch unsere neun Öffnungen eintritt: Essen, Musik, Malerei, Ideen, Menschen, Gerüche, usw.

34
Der Grundsatz lautet: wir werden zu dem, was wir zu uns nehmen.

35
Je weniger Eindrücke, desto reiner ist das Gefäß.

36
Das ist Fasten.

37
Die Reinigung folgt dem Fasten. Sie ist lediglich eine Veränderung des Sehens. Das Sehen aller Dinge, die schon immer vor unseren Augen gewesen sind. Das Offensichtliche. Das Es.

38
Unsere Fotografie ist die Kunst Es nicht zu suchen.
Eine Kunst des Wartens.

39
Die Kunst Es zu uns gelangen zu lassen.

40
Eine Kunst des Zuhörens, des Lauschens.

41
Wir streben nicht danach Es zu erreichen; die Kunst des wahrhaften Findens.

42
Wenn wir alles in uns zum Schweigen gebracht haben, dann werden wir das, worauf wir uns konzentrieren; so wie sich Eisenspäne zu einem Magneten verhalten.

43
Wir sehen uns selber dabei zu, wie wir unsere Kamera nehmen und damit arbeiten. Wie auf Geheiß eines anderen Geistes.

44
In diesem Sinne ist die gesamte Fotografie Porträt-Fotografie.

45
Deshalb müssen wir einen Weg entwickeln: um bessere Helfer zu sein.

46
Wir wissen nicht, dass wir den Verschluss ausgelöst haben.

47
Es hat den Verschluss ausgelöst.

48
Das Gleiche gilt für den Aufnahmestandpunkt und den Blickwinkel. Wenn wir im Zentrum unseres Motivs sind, haben wir den richtigen Blickwinkel gefunden.

49
Umhergehen und Entscheidungen treffen, das ist das, was ein Beobachter wahrnehmen würde und er verweist auf das Bild als Beweis für seine Behauptung.

50
Wir wissen es besser.
Wir sagen: der Vorgang, nicht das Bild.

51
Unser Beweis: wenn wir auf Es eingestimmt sind,
können wir blindlings gute Aufnahmen machen.

52
Der Fortschritt in der fotografischen Ausrüstung
belegt und widerlegt dies.

53
Der Endpunkt der gegenwärtigen technischen
Entwicklung ist eine winzig kleine Pocketkamera,
die 5000 Bilder pro Minute vollautomatisch
aufnehmen kann. Das ist zur Tendenz der Fotografie
zu sagen.

54
Wurde vergessen.

55
Die alten Meister verwendeten Kameras, so einfach,
dass sie heutzutage nicht populär wären.

56
Welcher Weg ist zu wählen ?
Ein Pfad oder ein Trampelpfad ?

57
Wenn wir dies beantworten können, dann kennen
wir unsere Bedürfnisse. Und so wie unsere
Bedürfnisse wechseln, so wechseln wir unsere
Ausrüstung, wie Schlangen ihre Häute.

58
Wir klammern uns nicht an etwas wegen des
Preises. Wir wissen, dass unsere Ausrüstung noch
lange nach unserem Tod existieren wird. Wir
Fotografen hängen nicht an etwas, insbesondere
nicht an unserer eigenen Identität.

59
Dasselbe gilt für den Film und unsere Bilder.

60
Unsere Bilder lehren uns sich an nichts festzuhalten.

61
Es gibt nicht das beste Bild.

62
Das Bild, das wir heute fotografieren, ist anders als das von gestern.

63
Genauso wie dieser Augenblick verschieden ist von dem vorigen.

64
Unsere Belichtungsmesser machen uns dies bewusst.

65
Das Licht ändert sich fortwährend.

66
HIER UND JETZT !

67
Wie Schilf im Wind, so fließen wir und Es.

68
Was bekämpfen wir ? Außer unserem Selbst.

69
Wenn wir fotografieren, fotografieren wir.

70
Es gibt nichts anderes im Universum.

71
Es gibt nichts anderes im Universum und es gibt die gesamte Zeit im Universum um es zu verstehen.

72
In Wirklichkeit gibt es keine Zeit.

73
In Wirklichkeit gibt es keine Zeit.

74
Die Zeit existiert nicht, seit auch wir nicht existieren.

75
Es gibt Schwingungen. Es gibt Schwingungen eines Motivs.

76
Es gibt kein Motiv.

77
Wir sind das Motiv.

78
Klick.

79
Somit ist jedes Bild ein Selbstporträt.

80
Es sagt nicht : KILROY WAS HERE.

81
Eine Fotografie ist etwas zum Sehen, nicht zum Reden.

82
Auf einer Fotografie können wir sehen, was Kilroy bewegt hat zu schreiben: KILROY WAS HERE.

83
Somit ist jede Fotografie eine neue Realität.
Unabhängig.

84
Die Übersetzung von Fotografie ist:
Malen mit Licht.

85

Das Licht, das aus unserem Innersten kommt, ist die Fotografie. Und das, was fotografiert worden ist. Und das, was fotografiert.

86

Wir wissen, dass wir Licht sind; genauso, wie wir wissen, dass das Universum Licht ist.

87

$E = MC^2$ gilt auch für unsere Fotografie.

88

HERZENSKRAFT DER FOTOGRAFIE (E) = WAS FOTOGRAFIERT WORDEN IST (M) x VISUELLE SPRACHE $(C)^2$

89

Jede Kunst ist eine Zahl. Die Gleichung besagt dies und, was wichtiger für das Herz ist: das Ganze ist größer als die Summe der einzelnen Teile.

90
Wir arbeiten vom Teil auf das Ganze hin.

91
Wir bauen unsere Iglus wie die Eskimos. Von innen nach außen.

92
Um es zu wiederholen: der Grundstein für die Fotografie ist unser Herzschlag.

93
Stelle eine Beziehung zu ihm her und zu allem anderen, das in einer Beziehung dazu steht, und zu allem anderen, das wiederum in einer Beziehung dazu steht und zu dem Raum dazwischen, so wie er durch das Licht definiert wird. Wie ineinander verwobene farbige Formen.

94
Dies ist unsere Fotografie: eine Stimmung. Ein strahlendes Lied oder ein trübes Lied. Das Unaussprechliche oder das Yin und Yang der Dinge.

95
Wir werden, was wir fokussieren.
Wir werden, wie wir fokussieren.
Die Botschaft ist das Medium.

96
Das Medium ist die Fotografie.

97
Die Fotografie ist unser Selbst. Wir erschaffen uns unsere eigene Welt.

98
Wir studieren Malerei, insbesondere ungegenständliche, weil sie auf direktem Wege mitteilt wie eine zweidimensionale Darstellung zu handhaben ist.

99
Die alten Meister beantworteten ebenfalls dieses Problem, aber wir neigen in der Fotografie dazu uns in Fragen der Präsentation zu verlieren und die Ästhetik wegzulassen.

100
Abstrakt oder nicht: unsere Kunst gehorcht denselben Gesetzen.

101
Oder auch nicht.

102
Es gibt für uns die Grammatik der visuellen Sprache zu entdecken.

103
Wenn wir dies tun, so wird sie ein Teil von uns und gibt unserer Intuition eine Form.

104
Wenn sie ein Teil von uns geworden ist, werfen wir sie in die Luft.

105
Aber bevor wir dies tun, müssen wir in der Lage sein das Wie in Worte zu fassen. Und damit haben wir für alle Zeiten ein Werkzeug erhalten.

106
Werkzeuge sind Stufen auf dem Wege zum Meister.

107
Meisterschaft ist dort, wo nichts außer unserem Selbst gemeistert wird.
Das ist unser Ziel.

108
Dann werfen wir uns selbst in die Luft.

109
Eine Kamera besitzt nur ein Auge.
Warum haben wir zwei ?

110
Der innere Zusammenhang der Dinge.

111
Raum

112
Geboren aus dem inneren Zusammenhang von Dingen.

113
Geboren aus der Isolation in dem Auge der Kamera.

114
Isolation. Unser Meer, in dem wir die Große
Stille einfangen können.

115
Und unser Köder ist die blühende, summende
Verwirrung der ungenannten Dinge.

116
Bezeichnungen sind für uns wie Grabsteine. Sie
haben keine Fenster. Und deshalb kein Licht.

117
Unsere Fotografie wird nichts mit
Bezeichnungen zu tun haben.

118
Die gleiche Geringschätzung sollten wir
gegenüber den Ergebnissen unserer Arbeit
entwickeln.

119
Wir wollen unser Ich aus dem Bild entfernen.
Wir wollen Es sprechen lassen. Nicht uns.

120
Fußspuren im Sand.

121
Rehspuren im Schnee.

122
Glühwürmchen über dem Ozean.

123
Wir bewegen uns langsamer.

124
Wenn wir mit 100 km/h fahren, dann bewegen wir uns mit 100 km/h und wir sehen mit 100 km/h.

125
Wir bewegen uns langsamer. Wir nehmen den natürlichen Rhythmus unseres Herzens an.

126
Wir gehen.

127
Wir gehen so, dass wir sehen können.

128
Wenn wir sehen können, dann sind wir von einer Unermesslichkeit, ganzen Galaxien, einem Universum von Bildern umgeben.

129
Alles Variationen von dem Einen.

130
Und deshalb müssen wir nicht wegen einer Aufnahme zum Kilimandscharo fahren, - es sei denn wir wollen Urlaub machen.
Sehen ist wichtig.

131
Wir lassen vieles zu.

132
Stille Freuden, wie die Gerüche und Geschmäcke, die nur der Koch kennt. Diese sind nur für uns allein.

133
Es gibt sehr viel Zeit.

134
Wenn eine Gelegenheit verpasst wird, dann wird eine andere kommen; das ist so sicher, wie dass der Tag auf die Nacht folgt.

135
Wir haben Vertrauen; das bedeutet: wir klammern uns nicht an etwas. Wir leben nicht in der Vergangenheit oder in der Zukunft.

136
Wir leben in der Gegenwart und alles lebt im Hier und Jetzt und erfüllt sich selbst und wird erfüllt; und das ist fantastisch.

137
Mit anderen Worten: mit der Sonne im Herzen können wir ein Stein sein oder ein Kormoran oder das Meer.

138
Falls wir dies sein wollen. Nochmals: wir sind alle voneinander verschieden.

139
Eine Kamera macht uns unserer Unterschiede bewusst.

140
Und unserer Ähnlichkeiten.

141
Das ist mit Kommunikation gemeint.

142
Eine Kamera ist ein Mittel zur Kommunikation und genauso gut dazu geeignet wie Worte. Sogar noch besser, weil diese Sprache für alle verständlich ist und nichts durch eine Übersetzung verloren gehen kann.

143
Der Analphabet unserer Zeit ist jemand, der nicht weiß wie eine Kamera zu bedienen ist; und trotzdem: falls er Augen hat um zu hören und ein Herz um zu sehen, so kann ein Analphabet diese Sprache verstehen.

144
Diese Sprache. Die Sprache des Herzens.

145
Wenn die Sprache des Herzens berührt wird,
wird jeder von uns dazu gebracht die Fragen
zu stellen, die aufgrund dieser Sprache an
erster Stelle stehen.

146
Wer sind wir
woher kommen wir
warum sind wir hier

147
Eine gute Fotografie stellt diese Fragen. Und
zwar ohne Zuflucht zu nehmen bei dem
Vokabular der literarischen Sprache, und sie
bringt uns zu der Quelle und dem Ursprung
allen Lebens.

148
Zu unserem zeitlosen, ichlosen, ursprünglichen Selbst. Zu unserem Antlitz vor unserer Geburt. Ehe wir weiß, schwarz, braun, gelb, kahl, dick, faltig, ängstlich, unglücklich, gierig, kriegerisch, amputiert, Amerikaner, Indianer oder was auch immer wurden. Ehe wir unser Glaubensbekenntnis, Rasse, Stellung, Hautfarbe, Nationalität oder Alter oder Geschlecht hatten.

149
Die Fotografie schafft nun, was Worte nicht erreicht haben, und deshalb muss es sie geben.

150
Die Fotografie zeigt uns, dass wir alle Geschöpfe gleichen Ursprungs sind. Die Zweibeinigen genauso wie die Vierbeinigen, die Fliegenden in der Luft und die Schwimmenden in der Tiefe und die Einarmigen und die Vielarmigen und auch die Schlafenden.

151
Wir sind alle Mitglieder derselben Familie.

152
Und alle erfahren das Wunder des Seins:
dass die Zeit fortschreitet und dass das Leben
keine andere Unterweisung geben kann, außer
dass wir das Leben annehmen ohne zu fragen.

153
Eine Kamera allein kann uns dies nicht
vermitteln. Sie ist nur ein Auge. Sie besitzt
kein Herz.

154
Aber wir haben ein Herz, und zusammen mit
einer Kamera können wir dorthin Licht
bringen, wo Dunkelheit herrscht.

155
Oder Dunkelheit dorthin, wo Licht herrscht.

156
Das erklärt, warum so wenige Fotografien
heutzutage Herz besitzen, und warum so viele
nur technische Spielereien sind.

157
Wir wollen Allusion (=Andeutung), nicht Illusion.

158
Herz, nicht Kopf.

159
Wir fotografieren das, was nicht da ist, und nicht das, was da ist.

160
Degas sagte, dass er nicht malte, was er sah, sondern was dem Betrachter ermöglichen würde, das Objekt zu sehen, das er vor sich hatte.

161

Als ich zum erstenmal eine Kamera benutzte, fotografierte ich den Himmel über der Wiese mit einem Vogel, einem Baum, einer Blume und der Sonne und dem Wasser. Später fotografierte ich den Himmel über der Wiese mit einem Vogel, einem Baum und einer Blume. Und später eine Blume. Dann einen Menschen. Jetzt fotografiere ich den Himmel über der Wiese mit einem Vogel und einem Baum und einer Blume und der Sonne und dem Wasser und einem Menschen.

162

Dies ist Zen in der Kunst der Fotografie. Während wir das Universum entdecken, entdecken wir unser Selbst.

weitere Bücher
aus dem Bodensee-Kunst.Netz ...

online erhältlich über
shop.bodensee-kunst.net

MEDITATIVE FOTOGRAFIE: Wasser

Peter Helm

Dies ist das neueste Buch von Peter Helm: Fotografien vom Wasser (überwiegend vom Bodensee). Es sind das Licht und das Wasser, die zusammen mit dem Wind hier Regie führen und Bilder auf die Wasseroberfläche zeichnen.
Außerdem hat der Fotograf noch einige Denkanstöße in Textform eingefügt, die er ursprünglich in seinen Fotografie-Kursen formuliert hatte.

102 Seiten mit 60 ganzseitigen Farb-Fotografien,
Text in deutscher Sprache, 30 x 21 cm, Konstanz 2019,
gebunden (Hardcover)   Preis € 29,90

„Das Sehen ist wichtig, - nicht die Kamera."
Gemäß dieser Maxime hat der Fotograf Peter Helm aus Konstanz hier abstrakte Bilder von Wasseroberflächen, meist dem Bodensee, vorgelegt. Und diese Abstraktion geschah nicht in der Dunkelkammer oder am Computer mit einer Grafik-Software, sondern im Augenblick vor der Aufnahme: im Auge das Fotografen.
Es sind Bilder von einer unmittelbaren Direktheit und großer Klarheit.

52 Seiten mit 41 ganzseitigen Farbfotografien,
Text deutsch + englisch, 21 x 21 cm, Konstanz 2014,
Paperback
ISBN : 978-3-7386-0054-4   Preis € 19,95